Je veux savoir

LES TREMBLEMENTS DE TERRE

par Helen J. Challand

*Ce livre de la collection «Je veux savoir»
a été préparé sous la direction de
Illa Podendorf,
autrefois du Laboratory School
de l'Université de Chicago.*

Conseillers pour l'édition française:

Claude Potvin, Directeur, Bibliothèque régionale
Albert - Westmorland - Kent, Moncton,
Nouveau - Brunswick

Lise Tremblay, Professeur d'immersion française,
Le conseil des écoles séparées catholiques
romaines, du district d'Edmonton, #7,
Edmonton, Alberta

Publié conjointement avec Nelson Canada, Toronto, Canada

CHILDRENS PRESS ®

CHICAGO

PHOTOGRAPHIES FOURNIES PAR:

Office of Earthquake Studies (USGS) — 2, 12, 16, 17, 22, 40, 44, 45

K. Segerstrom (USGS) — 30

J.C. Ratte (USGS) — 31

R. Hoblett (USGS) — 32

Tony Freeman — 4 (en h.)

Bill Thomas — 4 (en b.)

Allan Roberts — 11

Len Meents — 6, 9, 28, 34

National Oceanic & Atmospheric Administration — 15

Wide World — Couverture, 18, 19, 21, 25, 26, 36, 38, 42

COUVERTURE — Edifice démoli par le tremblement de terre survenu en Alaska, en 1964.

Un tremblement de terre est à l'origine de l'affaissement de terrain de 3 mètres que l'on peut voir au bas de la photographie.

Challand, Helen J.
  Les tremblements de terre
  (Je veux savoir)
  Comprend un Index.

  Résumé: Brève description de l'intérieur de la terre, des forces et des pressions qui provoquent parfois des tremblements de terre et des effets qui s'ensuivent.
1. Tremblements de terre — Littérature pour enfants [1. Tremblements de terre] I. Titre
ISBN

TABLE DES MATIÈRES

A QUOI RESSEMBLE LA TERRE?

La terre est une boule de roche presque ronde qui est, en partie, recouverte d'eau.

Les plus grandes étendues d'eau s'appellent des lacs et des océans. Les plus petites sont des étangs, des marais et des marécages. Les cours d'eau se nomment des ruisseaux, des rivières et des fleuves.

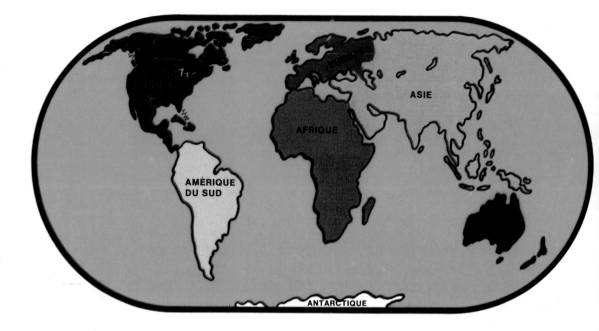

Les plus grandes surfaces
de la terre sont les continents.
De nos jours, on en compte
sept. Ce sont l'Amérique du
Nord, l'Amérique du Sud,
l'Europe, l'Asie, l'Afrique,
l'Australie et l'Antarctique.

A QUOI RESSEMBLAIT LA TERRE AUTREFOIS?

Il y a deux cents millions d'années, il n'y avait qu'une large masse de terre. Le reste de la planète était recourvert d'eau.

Cette masse s'est lentement brisée et divisée en plus petits morceaux. Ces morceaux ne se déplaçaient qu'à raison de quelques centimètres chaque année.

A QUOI RESSEMBLE L'INTÉRIEUR DE LA TERRE?

L'intérieur de la terre est composé de trois parties. Le centre s'appelle le noyau. Il a environ 5000 km d'épaisseur. Le noyau est constitué de fer et de nickel. Il est solide et très chaud.

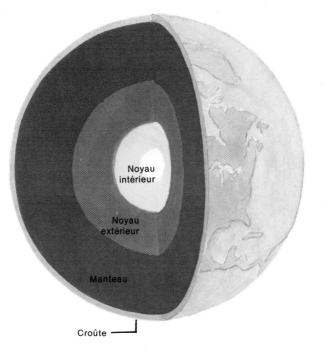

La partie extérieure du noyau est presque liquide. Autour du noyau se trouve une autre couche appelée le manteau qui a environ 3000 km d'épaisseur.

La partie principale du manteau est constituée de roche solide, dans laquelle on retrouve du fer, du magnésium et de la silicone. A l'extérieur du manteau se trouve une mince couche très brûlante. C'est là que les roches forment un épais liquide.

La croûte est la partie extérieure de la terre. Elle varie de 0 à 48 km d'épaisseur.

Dans les régions recouvertes de terre, la croûte est généralement constituée de granit.

Montagne de granit.

Les roches sous l'océan
sont constituées de basalte.
Les plantes, les animaux et
les êtres humains vivent à la
surface et à l'intérieur de la
croûte terrestre.

11

Après le tremblement de terre en Alaska, en 1964.

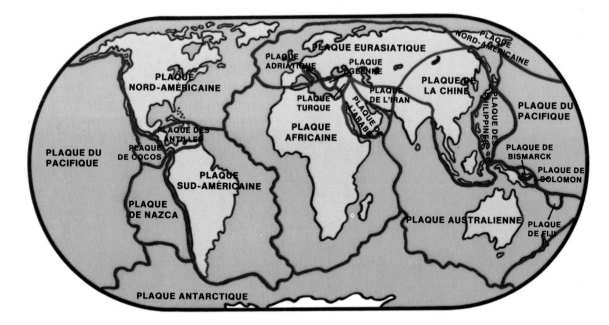

Les plaques s'ajustent les unes aux autres comme les morceaux d'un casse-tête.

QUELLE EST LA CAUSE DES TREMBLEMENTS DE TERRE?

Les scientifiques pensent que la croûte terrestre est composée de 8 à 12 immenses dalles ou plaques.

Ces plaques sont faites de roche et sont mobiles.

La terre est en mouvement continu et ces plaques bougent, pivotent, glissent, s'affaissent et produisent des bruits.

Parfois, une énorme roche reste coincée; alors, la pression augmente.

Ces roches peuvent subir des étirements et des compressions jusqu'au point d'en changer de forme.

Elles peuvent être des années sans bouger. La pression et la tension augmentent. Finalement, les roches ne peuvent plus supporter cette pression. Elles tremblent, s'effritent et produisent un tremblement de terre.

Un tremblement de terre
cause aussi un déplacement
d'air. Le bruit créé ressemble
au tonnerre.

La terre se soulève et
s'affaisse.

Parfois, des montagnes
sont séparées en deux. Les
collines et les falaises
s'effondrent. D'énormes blocs
de glace glissent le long des
flancs des montagnes.

L'asphalte sur les
autoroutes se soulève au
point de former de grosses
collines. Les voies ferrées se
tordent et se déforment.

Des ouvriers nettoient les dommages causés par un tremblement de terre en Californie.

Les édifices tremblent et s'écroulent.

Les canalisations d'eau et les égoûts se rompent. Les fils électriques et les lignes téléphoniques tombent et provoquent des pannes.

Un important tremblement de terre est souvent suivi d'un incendie.

QUELLE EST LA DURÉE D'UN TREMBLEMENT DE TERRE?

Un tremblement de terre ne dure habituellement que quelques secondes. Certains tremblements importants ont duré cinq minutes. Les petites secousses ou saccades peuvent être ressenties pendant plusieurs jours.

Dommages causés par un tremblement de terre dans l'île de Santorini en Grèce.

LA FRÉQUENCE ET LES CONSÉQUENCES DES TREMBLEMENTS DE TERRE

Il se produit plusieurs milliers de tremblements de terre chaque année mais une centaine seulement sont dangereux.

La Chine a connu le pire tremblement de terre jusqu'à ce jour. En 1556, un violent séisme a provoqué la mort de 830,000 personnes.

Dommages causés par un tremblement de terre à Skopje en Yougoslavie.

Un tremblement de terre
dangereux peut libérer autant
d'énergie que l'explosion de
2000 bombes atomiques.

L'INTENSITÉ DES TREMBLEMENTS DE TERRE

Les scientifiques utilisent un sismographe pour enregistrer l'intensité d'un tremblement. Cet appareil

Ci-dessus: Coupe transversale d'un séismomètre, instrument sensible à l'ensemble des mouvements de la terre.
A droite: Appareil enregistreur sismique servant à mesurer les secousses qui suivent immédiatement un tremblement de terre.

peut détecter à grandes distances les ondes de choc émises par les tremblements de terre.

Les ondes sont mesurées sur une échelle appelée «échelle Richter». Cette échelle va de 1 à 9.

Une amplitude de 2 signifie que le tremblement de terre est 30 fois plus fort que s'il atteignait une amplitude de 1.

Un tremblement de terre qui n'atteint pas 4 sur l'échelle Richter ne cause pas beaucoup de dommages.

QU'EST-CE QU'UNE FAILLE?

Une faille est une crevasse dans la croûte terrestre. C'est une cicatrice laissée par de vieux tremblements de terre.

La faille de San Andreas en Californie est un exemple très connu. Elle s'étend sur plus de 900 km de longueur et ressemble à une vallée. Son origine remonte à des millions d'années.

Le tremblement
de terre de 1906
à San Francisco.

Un violent tremblement est survenu le long de cette faille le 18 avril 1906. Le sol s'est déplacé de 3 mètres à certains endroits. Ce séisme a provoqué le fameux incendie de San Francisco.

Chaque année, il se produit plus d'une centaine de tremblements de terre de faible intensité en Californie.

25

Le dernier tremblement de terre a eu lieu en 1971 près de San Fernando. Plus de soixante personnes ont péri.

On a évalué à des millions de dollars les dommages causés aux résidences et aux magasins. L'altitude des monts San Gabriel s'en est accrue de 1,3 mètre.

LA FAILLE DE SAN ANDREAS

Les plaques flottantes qui couvrent la terre se déplacent lentement. La faille de San Andreas est une ligne de démarcation entre deux plaques.

Los Angeles n'est pas située sur la même plaque que San Francisco, mais plutôt sur une plaque se déplaçant vers le nord.

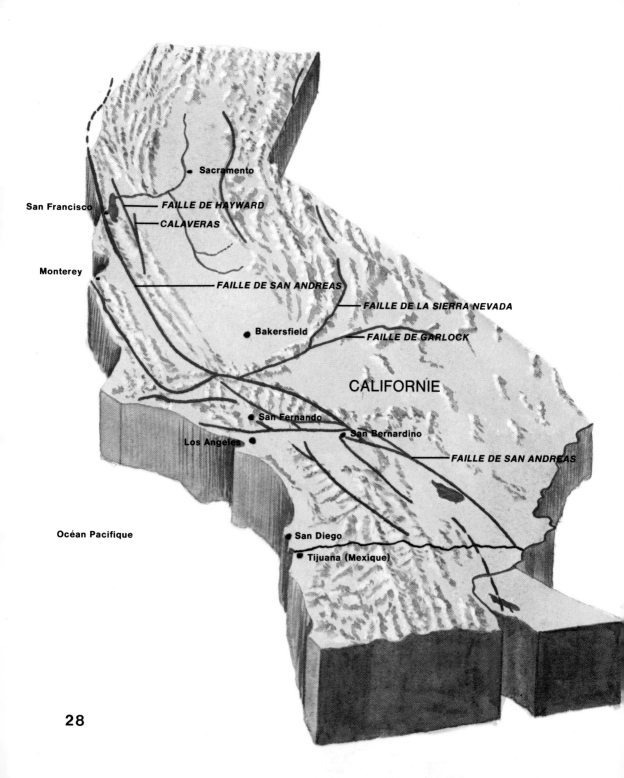

Sacramento

San Francisco

FAILLE DE HAYWARD

CALAVERAS

Monterey

FAILLE DE SAN ANDREAS

FAILLE DE LA SIERRA NEVADA

Bakersfield

FAILLE DE GARLOCK

CALIFORNIE

San Fernando

Los Angeles

San Bernardino

FAILLE DE SAN ANDREAS

Océan Pacifique

San Diego

Tijuana (Mexique)

28

San Francisco est sur la même plaque que le reste des Etats-Unis. Cette plaque rocheuse flottante se déplace lentement vers le sud.

Il y a des millions d'années, la partie de la Californie se trouvant à l'ouest de la faille était beaucoup plus au sud. Elle se trouvait alors à l'endroit où est situé le Mexique aujourd'hui.

Dans quelques millions d'années à venir, les villes de Los Angeles et San Francisco seront tout près l'une de l'autre.

Le volcan Paricutín au Mexique est entré en éruption en 1943.

LES TREMBLEMENTS DE TERRE ET LES VOLCANS

Les tremblements de terre ne produisent pas toujours des volcans. Toutefois, les volcans peuvent faire trembler la terre.

Un volcan devient actif lorsqu'une fissure dans la croûte terrestre permet à la vapeur, aux gaz brûlants et aux roches en fusion de s'en échapper. Ces matières émises par le volcan s'appellent la lave.

L'archipel d'Hawaï est un groupe d'îles formées par des coulées de lave.

Coulée de lave suite à une éruption du Mauna Ulu en 1973. Cratère sur les pentes du volcan Kilauea.

Un tremblement de terre survenu au Mexique en 1943 a provoqué la formation d'un volcan. Tout a commencé au milieu du champ d'un fermier. Le volcan a atteint 366 mètres de hauteur en dix ans.

Des volcans sont aussi à l'origine de plusieurs nouvelles îles en Islande.

L'éruption du Mont St. Helens en 1980.

LA CEINTURE DE FEU

Les tremblements de terre sont fréquents dans les régions qui bordent l'Océan Pacifique. C'est là que s'étend la célèbre «ceinture de feu». On y trouve plusieurs volcans qui sont nés à la suite de tremblements de terre.

Il y a des tremblements de terre en Amérique du Nord et en Amérique du Sud. Ils peuvent aussi se produire en Italie, en Grèce, en Inde, en Iran ainsi qu'en Algérie.

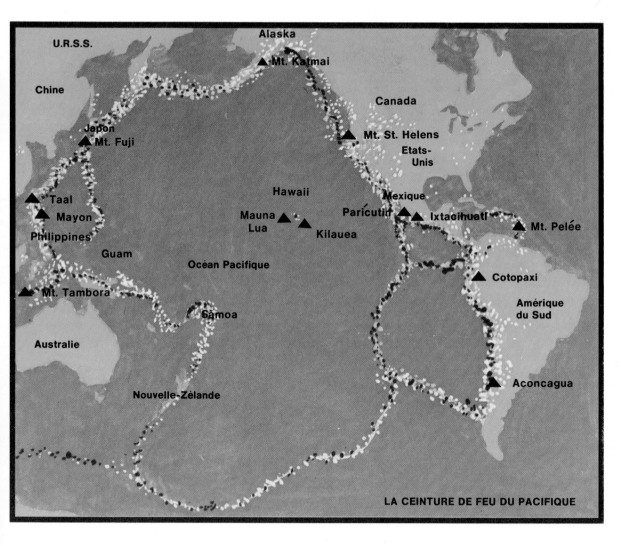

LA CEINTURE DE FEU DU PACIFIQUE

La ceinture de feu s'étend de l'autre côté de l'Océan Pacifique. Il y a des tremblements de terre aux Philippines, au Japon, en Chine et dans les îles Aléoutiennes.

En Alaska, un tremblement de terre survenu le 27 mars 1964 a battu les records. Il a atteint presque 9 degrés d'amplitude à l'échelle Richter. Le sol s'est soulevé de 15 mètres, c'est-à-dire plus haut que la plupart des écoles.

LES TREMBLEMENTS DE TERRE SOUS-MARINS

Les tremblements de terre peuvent se produire sous la mer. Ils peuvent faire s'effondrer ou remonter le fond marin.

Un tremblement de terre au Chili a engendré un raz de marée qui a détruit la ville de Hilo, à Hawaï, à 11,000 kilomètres de distance.

Les tremblements de terre peuvent occasionner d'énormes glissements de terrain sous l'eau. Ces glissements produisent des vagues qui décrivent des cercles dans toutes les directions. Les vagues s'arrêtent au moment où elles frappent quelque chose, comme, par exemple, le rivage d'un continent. Ces vagues s'appellent des «tsunami».

Après un tremblement de terre, ces vagues peuvent parcourir des centaines de

kilomètres à une vitesse de
900 kilomètres par heure.
Lorsque ces vagues
heurtent le rivage, elles
atteignent parfois 30 mètres
de hauteur et font l'effet d'un
immense mur d'eau s'abattant
sur le sol.

Dommages causés par un raz de marée à Hawaï.

POUVONS-NOUS FAIRE TREMBLER LA TERRE ?

Oui, nous avons déjà été à l'origine de tremblements de terre. Cela peut se produire lorsqu'on refoule de l'eau ou des déchets dans des puits profonds. Il y a alors beaucoup de pression à l'intérieur et à l'extérieur des couches rocheuses. Si la pression est trop grande, les roches peuvent se déplacer très soudainement et occasionner un tremblement de terre.

POUVONS-NOUS PRÉVENIR LES TREMBLEMENTS DE TERRE

Les scientifiques croient que l'on trouvera, un jour, un moyen sûr d'éviter les tremblements de terre.

Grâce à cet instrument aux rayons laser, il est possible de mesurer les changements se produisant au sol le long d'une faille. Les scientifiques ont enregistré plus de 10,000 tremblements de terre.

Il serait possible, par exemple, d'injecter une substance liquide à l'intérieur des failles. Ce serait comme si l'on huilait les roches. Les plaques flottantes glisseraient les unes sur les autres, sans se coincer ni se défaire.

Les scientifiques sont en train de développer des instruments capables de mesurer les secousses les plus faibles et d'enregistrer les déplacements se produisant le long de certaines failles.

Dans les régions propices aux tremblements de terre, les bâtiments doivent être construits de façon appropriée. Les charpentes doivent être en acier et les murs en béton armé.

Pendant un tremblement de terre, les maisons de bois peuvent osciller et plier plus facilement que les maisons de brique.

Dommages causés à la suite d'un tremblement de terre.

MYTHES ENTOURANT LES TREMBLEMENTS DE TERRE

De nos jours, nous connaissons les origines et les causes des tremblements de terre. Il y a très longtemps les gens avaient des idées étranges sur leurs origines.

Certains pensaient que la terre était à cheval sur le dos d'une tortue géante. Les déplacements de la tortue produisaient des fissures dans la croûte terrestre.

D'autres pensaient que la terre était sur le dos d'une immense grenouille.

L'idée la plus bizarre était la suivante: la terre était posée sur la tête d'un taureau. Il y avait quatre taureaux et la terre tremblait lorsque les taureaux se lançaient la terre de l'un à l'autre.

Une partie de ce pont s'est effondrée à la suite d'un tremblement de terre.

Dommages causés à Anchorage en Alaska à la suite d'un tremblement de terre en 1964.

Ces histoires n'étaient que des mythes. De nos jours, les scientifiques peuvent trouver une explication au moindre craquement insolite de la terre.

QUELQUES MOTS À RETENIR

basalte (n. masc.): sorte de roche formée par la lave

compression (n. fém.): la force de l'air qui appuie, qui pousse fortement

croûte (n. fém.): partie extérieure de la terre entourant le manteau

faille (n. fém.): fissure dans la croûte terrestre

flanc (n. masc.): paroi, côté d'une montagne

(en) fusion (n. fém.): se dit de quelque chose qui brûle au point de fondre

granit (n. masc.): roche dure formée par la lave

lave (n. fém.): matière brûlante; roche en fusion qui s'écoule d'un volcan

magma (n. masc.): roche en fusion sous la surface de la terre

manteau (n. masc.): partie de la terre entre le noyau et la croûte

mythe (n. masc.): histoire inventée qui n'est pas vraie

noyau (n. masc.): le centre de la terre

plaque (n. fém.): un immense morceau de terre

saccade (n. fém.): petite secousse

secousse (n. fém.): vibration ou tremblement

séisme (n. masc.): autre mot désignant un tremblement de terre

sismique (adj.): qui a rapport aux séismes, aux tremblements de terre

sismographe (n. masc.): appareil servant à mesurer l'intensité d'un tremblement de terre

tremblement (n. masc.) de terre: tremblement de la terre causé par des mouvements soudains des roches à l'intérieur de la terre

tsunami (n. masc.): mot japonais désignant une vague très violente et très haute causée par un tremblement de terre

volcan (n. masc.): montagne qui peut projeter des matières brûlantes provenant de l'intérieur de la terre

INDEX

BIOGRAPHIE DE L'AUTEUR

Helen Challand est titulaire d'une maîtrise et d'un doctorat de l'Université Northwestern. Elle occupe présentement les fonctions de présidente du département des sciences au National College of Education et de coordonnatrice des études de premier cycle pour le West Suburban Campus du National College.

En plus de sa grande expérience en qualité de professeur et de conseillère au département des sciences, Dr. Challand a collaboré à des projets scientifiques avec Scott Foresman and Company, Rand McNally Publishers, Harper-Row Publishers, Encyclopedia Britannica Films, Coronet Films et Journal Films. Elle est également rédactrice adjointe pour la Young People's Science Encyclopedia publiée par Childrens Press.